N° 290 (Conserver la couverture)

POÉSIES.

PAR

L. CASTILLON.

MELUN.
IMPRIMERIE DE DESRUES, BOULEVART SAINT-JEAN.
—
1850.

POÉSIES,

PAR

L. CASTILLON.

Montmachoux, 1846.

UN JOUR MALHEUREUX.

L'humide brise de l'automne
Agitait le dernier rameau ;
La nuit déployait son manteau
Sur la campagne monotone ;
Des nuages le noir essaim
Prenait mille formes funèbres,
Et la chouette, dans les ténèbres,
Semblait tinter un glas lointain.
Et cependant, sur la colline,
Un laboureur dans sa chaumine
Qui seule en ces lieux s'élevait,
Des fatigues de la journée,
Avec les siens, se délassait
Sous la rustique cheminée.
Les jeux, les ris et les chansons,
La délirante causerie
Célébraient, dans la métairie

Les vendanges et les moissons.
Le bonheur était sur le seuil;
Mais non loin, la nature entière
Semblait presser l'humble chaumière
De son long vêtement de deuil.

On chante... Hélas! s'ouvre la tombe,
Et près, bien près est le trépas :
L'orage avance avec fracas,
L'éclair jaillit, la foudre tombe.
Mon Dieu, ce cri, qui l'a poussé?
Où va la joie, où va le rire,
Où vont les chants? Tout a cessé.
Sous ce toit que le feu déchire
L'affreuse mort a donc passé?

Mais demain, quand la fraîche aurore
Ouvrira les portes des cieux,
Et que son œil humide encore
Découvrira ces tristes lieux,
Le pâtre allant à la vallée,
Où chaque jour paît son troupeau,
Cherchera la ferme isolée
Que tant il vit sur le coteau!
Puis, quand las d'accuser les ombres
Et que, marchant sur les décombres,

Disparaîtra son doute affreux ;
Quand les moissons, cendres brûlantes,
Ces corps noircis, ces chairs fumantes
Soudain auront frappé ses yeux,
Il s'enfuira... Mais il s'arrête...
N'a-t-il pas entendu des cris ?
Il revient ; sa main inquiète,
Tremblante enlève les débris,
Et, dans un berceau qu'il retire,
Objet des flammes respecté,
Il voit un enfant qui soupire,
Seul être, hélas ! qui soit resté...

Pleure, oh ! oui, pleure jeune fille !
Puisse la source de tes pleurs
Se dessécher sur ta famille...
Puisse plutôt, sur tes malheurs,
S'étendre l'oubli de l'enfance...
Pauvre ange, tu cesses tes cris,
Et, (quel âge d'insouciance !)
Oui, déjà même tu souris.
Ah ! puissent de fumants débris
Pardonner à ton innocence.
Puisse qui sèche ainsi tes yeux,
Ne te parler jamais de ce jour malheureux.

Montmachoux, le 28 janvier 1847.

La Danse des Morts,

BALLADE.

Au meurtrier, feuilles, buissons dans l'ombre
Semblent autant de fantômes sans nombre.

La jeune Rose aimait beaucoup le bal,
Point son époux. Cette femme insensée,
Laissant errer sa lubrique pensée
Complaisamment pour un amour fatal,
Osa trancher, d'une lame homicide,
Le nœud sacré d'un trop pesant hymen.
C'était la nuit ; le moribond livide
Resta glacé sur le bord du chemin.

Au meurtrier, feuilles, buissons dans l'ombre
Semblent autant de fantômes sans nombre.

De son forfait Rose eût-elle un remords?
— Oui ; mais qu'importe : elle était honorée.
Un an passé, plus de deuil ! Et parée,
Lorsque Phébus éclairait d'autres bords,
Elle partit pour fêter à la danse
Le jeune amant qu'idolâtrait son cœur.
Voyez : légère et vive elle s'élance ;
Le froid du soir excite son ardeur.

Au meurtrier, feuilles, buissons dans l'ombre
Semblent autant de fantômes sans nombre.

Elle volait ; et l'astre de la nuit
Illuminait le chemin de la fête.
Mais, tout-à-coup, Rose hésite et s'arrête :
— « Quel est cette ombre et ce sinistre bruit? »
— Cette ombre n'est que l'herbe qui s'agite ;
Ce bruit n'est que la brise du soir ;
Et ce, cependant, Rose tremble et palpite :
L'herbe, pour elle, est un fantôme noir !

Au meurtrier, feuilles, buissons dans l'ombre
Semblent autant de fantômes sans nombre.

C'est que cette herbe, à côté du chemin,
En touffe épaisse et longue était dressée ;

C'est que de sang on l'avait arrosée
Et c'est que Rose était un assassin.
La lune alors se voilant d'un nuage,
Et, tout-à-coup, le vent soufflant plus fort,
Plus effrayant parut le grand herbage.
Rose s'enfuit pâle comme la mort.

 Au meurtrier, feuilles, buissons dans l'ombre
Semblent autant de fantômes sans nombre.

 En vain la peur précipitait ses pas :
Elle sentait dans ses cheveux d'ébène
Le souffle froid, la sépulcrale haleine
Du spectre affreux qui ne la quittait pas.
« Pourquoi courir ainsi tout effarée?
« Les morts, enfant, ne font jamais de mal...
« C'est ton époux... Viens ma femme adorée,
« Comme autrefois, viens, je te mène au bal. »

 Au meurtrier, feuilles, buissons dans l'ombre
Semblent autant de fantômes sans nombre.

 Ainsi parlait le spectre et de son bras
Serrant le bras de Rose chancelante,
Il l'emmenait par la foule mouvante
Des noirs esprits que sème le trépas.

Il marchait donc et l'air était sa route.
« Viens, hâtons-nous, viens, je suis en retard, »
Répétait-il ; et c'était vrai, sans doute,
Car il partit rapide comme un dard.

Au meurtrier, feuilles, buissons dans l'ombre
Semblent autant de fantômes sans nombre.

Puis quand il eut, d'une course sans frein,
Franchi bois, monts, parcouru la campagne,
Il dit : « C'est là qu'on entre, ô ma compagne ;
Danse. » Il s'enfuit et Rose vit soudain
Des spectres blancs, hommes et jeunes filles,
Grands et petits lui disant tour à tour
« Viens assassin te mêler aux quadrilles ;
« Danse avec nous, danse à ton dernier jour. »

Au meurtrier, feuilles, buissons, dans l'ombre
Semblent autant de fantômes sans nombre.

Puis vint près d'elle un de ces spectres blancs
Qui la toucha de sa lèvre livide,
Et l'entraînant dans la ronde rapide,
Criait sans cesse en lui montrant ses flancs :
« Qui m'a frappé ? Mon sang jaillit, bouillonne...
« Qui m'a plongé ce poignard dans le cœur ?

« C'est toi, c'est toi ! mais la mort t'environne... »
— « Danse, assassin ! » reprenait tout le chœur.

Au meurtrier, feuilles, buissons dans l'ombre
Semblent autant de fantômes sans nombre.

Rose dansa ; mais quand l'aube, au retour,
Eut dissipé l'infernale cohorte,
Sur une tombe on la retrouva morte,
Ses bras raidis enlaçant le contour
D'un marbre blanc. C'était le mausolée
De son époux qu'elle embrassait ainsi,
Et des danseurs la troupe échevelée
N'était, dit-on, que des marbres aussi.

Au meurtrier, feuilles, buissons dans l'ombre
Semblent autant de fantômes sans nombre.

Montmachoux, juillet 1850.

L'ARRIVÉE DU CHOLÉRA AU VILLAGE.

Le doux soleil de mai touchait à l'horizon ;
Mille insectes naissants à parure émaillée,
Quittaient l'air embaumé, s'abritaient du gazon ;
Le rossignol caché sous la tendre feuillée,
Entonnait des beaux jours la première chanson.

Et tandis qu'en nos bois méditait la nature,
Au milieu du hameau, sous les vieux maronniers,
Bravant du Vatican la sévère censure,
Sur le fleuve du temps novices nautonniers,
Peu soucieux du port, nous foulions la verdure.

L'orchestre cadencé précipitait nos pas ;
La foule tournoyait dans la joyeuse arène,
Froissant tulles, rubans et pudiques appas
Des filles aux doux yeux, aux noirs cheveux d'ébène
Que l'attrait de la valse attirait dans nos bras.

Puis aux accents du bal succédaient le fou rire,
Des sermens faux ou vrais, mais toujours répétés ;
Des anges souriant en parlant de maudire

Et le bruit des baisers mollement disputés.
Le plaisir à nos pieds, dans nos yeux le délire...

Mais un long cri soudain dans les airs retentit :
« Le choléra ! » dit-on. A ce cri qu'on répète
De surprise ou d'effroi chacun tremble ou pâlit ;
Le danseur souple et prompt comme enchaîné s'arrête,
Et du gai ménestrel l'archet reste interdit.

La peur comptant déjà le nombre des victimes
Le décuple et partout voit des monceaux de morts ;
Les pleurs et les sanglots des cœurs pusillanimes
Accréditant l'horreur des lugubres rapports,
En frayeurs convertit les craintes légitimes.

On se pousse, on s'enfuit... A l'aspect du vautour,
Tel un léger troupeau s'enfuirait dans la plaine.
Et le plaisir, au loin, s'envolant à son tour,
Aux amants, pour adieux, dit : « La mort est prochaine ;
Vite, un dernier baiser, un doux baiser d'amour !

Sous les vieux maronniers s'épaissirent les ombres :
Et sortant des décombres
D'affreux oiseaux de proie, aux cris longs et glacés,
Rassemblés par la mort sur les maronniers sombres,
Entonnèrent en chœur l'hymne des trépassés.

Montmachoux, août 1830.

L'ORME DE VAURU (1).

Légende.

Pas bien loin de Meaux, sur la rive
D'une rivière aux vertes eaux (2),
Ghiselle, brune jeune et vive
Traversait seule les coteaux.
« Je porte à manger, disait-elle,
« A mon époux, mon doux amour
« Qui fouille la terre rebelle
« Pour notre pain de chaque jour.

« Si la fatigue opiniâtre
« Ride son front d'amers pensers,

---

(1) Voir, pour les détails historiques de cette légende, *la Mosaïque*, tôme III, p. 582; Valentin, *les ducs de Bourgogne*, p. 157, et la plupart des historiens. On s'assurera que rien d'important n'est changé quant au fond.
(2) La Marne.

« Moi, je vais rieuse et folâtre
« Les chasser par mes doux baisers.
« Puis, je lui conterai mon rêve
« Qui promet à son premier né
« D'élever son rang par le glaive,
« D'être par le roi blasonné. »

Ainsi passait la jeune femme,
Jetant au souffle du matin
Les fraîches notes de son âme,
Quand un homme lui dit soudain :
« Dame arrêtez... Vauru vous somme
« De lui donner, c'est entendu,
« Mille livres. Sans cette somme,
« Votre mari sera pendu.

« Pas n'est besoin qu'on vous informe
« Que c'est le droit de mon cousin (1)
« De faire attacher à son orme,
« Tout serf qui tombe sous sa main.
« Mais du trépas on se rachète :
« Dame sauvez donc vos amours.

---

(1) Le bâtard de Vauru, qui commandait à Meaux pendant les guerres civiles du règne de Charles VI, avait avec lui son cousin Denis de Vauru, qui l'aidait dans ses brigandages.

« C'est mille livres, je répète,
« Qu'il faut payer avant deux jours. »

A genoux, la pauvre Ghiselle
Demandait un peu plus de temps ;
Mais le cavalier, bien loin d'elle,
S'enfuyait à travers les champs.
Elle partit, courant sans trêve,
Vendant son bien, tout, sa croix d'or !
Le septième soleil se lève,
Et la somme est trop faible encor !

Le soir, enfin, la jeune femme,
Pouvait réclamer son époux.
« Donne ton or, — lui dit l'infâme
Dont elle embrassait les genoux,
— « Il est trop tard ! mais que m'importe :
« J'ai le trésor, va-t'en d'ici...
« Assez de cris ; vite à la porte !
« Femme, ou je te fais pendre aussi.

— « Monstre sans nom, disait Ghiselle,
« Indigne écume de l'enfer,
« Ose plus loin pousser ton zèle :
« Dans mon sein, tiens, plonge ton fer.

« Qui t'arrête? Que fait un crime
« De plus joint à tous tes forfaits?
« Prends donc pitié de ta victime ;
« De mes douleurs tranche le faix.

« Tu fléchis, eh bien! sur mon âme,
« Moi, je vais t'arracher le cœur! »
Et soudain l'œil hagard, en flamme,
Les poings serrés par la fureur,
Sur le tyran elle s'élance.
Il la frappe et la fait saisir,
Puis garotter à la potence,
Sans vêtements pour la flétrir.

C'était en mars (1); la bise humide
Gelait son corps trempait ses os ;
Et son époux pendu, livide,
Dont le vent troublait le repos,
Choquant en l'air d'autres squelettes,
Comme eux la frappait de son pied.
Et la foule aux bouches muettes
N'osait pas dire sa pitié.

---

(1) En mars 1420, époque où l'infâme Isabelle de Bavière, femme de l'idiot Charles VI, livrait, à Troyes, la France aux Anglais.

La nuit vint et l'infortunée
Se plaignit à fendre les cœurs :
Car le fruit de son hyménée
Lui causait d'atroces douleurs.
Mais un loup quittant son repaire,
Au charnier courant triomphant,
Vint délivrer la pauvre mère
De la vie et de son enfant.

Le Bâtard auteur de ce crime,
L'an d'après par l'Anglais fut pris.
Lors, un cri sauvage, unanime,
Un cri de rage et de mépris
Demanda son supplice infâme.
Par la foule d'abord traîné,
Vauru rendit sa méchante âme
Au tronc de son orme enchaîné.

Montmachoux, août 1850.

LE LOUP-GAROU,

BALLADE.

« A genoux, vite une prière!

« Mes frères, disait un curé,
L'air effrayé montant en chaire,
J'ai manqué d'être dévoré
La nuit dernière par le diable :
Il s'était caché sous ma table
Et quand il vint me prendre au cou,
Je reconnus le loug-garou.

A genoux, vite une prière!

Il me dit : tu peux te sauver
Et ta paroisse tout entière :
Jure, par ton Dieu, d'observer

La simple loi que je t'impose :
Le jour, caché je me repose,
Mais aussitôt que vient le soir,
Dans ce village on doit me voir.

— A genoux, vite une prière!

— Dis donc à tes paroissiens
Que, pour éviter ma colère,
Ils devront enfermer les chiens,
Puis éteindre les feux sur l'heure
Quand, approchant de leur demeure,
Je leur crîrai comme un hibou :
Manans, voici le loup-garou!

— A genoux, vite une prière!

Je promis tout pour mon salut,
Et je vous sauverai j'espère;
Mais, pour mieux atteindre ce but,
Qu'à mon zèle chacun s'adresse
Et que, chaque jour, une messe
Dont vous savez le prix pour vous,
Du ciel appaise le courroux.

A genoux, vite une prière! »

Chaque soir, donc, le loup-garou
Faisait sa ronde régulière,
Gambadant comme un sapajou,
Heurtant de sa terrible tête
Quiconque osait troubler sa fête
Par un seul mot ou ses regards.
C'était l'effroi des campagnards.

  A genoux, vite une prière !

Une fillette, cependant,
Dévote et d'une vie austère,
Le regardait sans accident.
« C'est que la très-sainte Marie,
Disait-on, veille sur sa vie. »
Et chaque femme de ce lieu,
Pour l'imiter tourmentait Dieu.

  A genoux, vite une prière !

La jeune sainte fut bientôt
Avec le monstre familière :
Il écoutait son moindre mot
Et s'arrêtait même auprès d'elle.
Mais un matin, la demoiselle

Chez elle ne se trouva pas,
Sa mère en vain chercha ses pas.

  A genoux, vite une prière!

Trois mois après, un voyageur
Au diable-loup ayant affaire,
Se défendit malgré sa peur.
A coups redoublés de massue,
Il frappa la bête velue,
Tant qu'à la fin le loup-garou
Tomba mourant sur le caillou.

  A genoux, vite une prière!

Le voyageur s'enfuit soudain.
Mais de la rue au Presbytère,
On remarqua, le lendemain,
Une fraîche et rouge traînée.
Bientôt la foule consternée
Chez le curé poussa ses flots.
Il se mourait disant ces mots :

  « A genoux, vite une prière!

De cette fille qu'autrefois
Le loup-garou fit prisonnière,
Cette nuit, j'entendis la voix;
Elle m'appelait à son aide.
J'y cours, le diable me la cède,
Puis frappe... et j'étais désarmé!
J'arrive ici tout assommé...

    A genoux, vite une prière!

    Mes enfants, Dieu m'appelle à lui;
Je sens se fermer ma paupière;
Mais, si mon dernier jour a lui,
J'emporte l'espoir dans ma tombe
Qu'avec fruit pour vous je succombe,
Que plus jamais le loup-garou
N'osera sortir de son trou.

    A genoux, vite une prière! »

La jeune fille, près du lit,
Aux cieux élevant sa paupière,
En tout confirma ce récit.
On le crut quoiqu'il fût étrange,
Que ne croirait-on pas d'un ange

A la bouche rose, aux yeux bleus,
Au sein d'albâtre, aux blonds cheveux!

A genoux, vite une prière!

Long-temps fut pleuré l'imposteur,
Et cent ans on lut sur sa pierre :
« Ci-gît notre vaillant pasteur
« De mémoire très-vénérable :
« Il nous a délivré du diable.
« Vous qui craignez les loups-garous,
« Sur cette tombe inclinez-vous;

« A genoux, vite une prière! »

TABLE

	Pages
Un Jour malheureux	5
La Danse des Morts	6
L'Arrivée du Choléra au Village	11
L'Orme de Vauru	15
Le Loup-Garou	18

www.ingramcontent.com/pod-product-compliance
Lightning Source LLC
Chambersburg PA
CBHW060635050426
42451CB00012B/2597